AF398916

ESPOIR
DESESPOIR
NON-ESPOIR

Collection - Poésie Du Vivant

Jeanne B.Supervielle

EAN : 9791095381006 ISBN : 979-10-95381-00-6

Avant - propos

Humaniste, amoureuse de la nature, la plume
poétique de Jeanne B.Supervielle sonde les
méandres du cœur humain et les affres du monde.

Arrière-petite nièce de Jules Supervielle,
comédienne professionnelle puis journaliste
indépendante, la littérature et les arts vivants
sont l'essence même de son existence.

«Espoir Désespoir Non-espoir»

Premier recueil de la collection «Poésie du Vivant».

Poésie du Vivant

EAN : 9791095381006 ISBN : 979-10-95381-00-6

PAIX UNIVERSELLE

Si toi aussi mon Frère, tu crois en ta lumière
Riche de tes convictions, chante avec moi
Crée, invente, façonne l'humanité

La force de la luminescence, celle de l'utopie
Qui fonde notre existence et bâtit notre vie
Anéantira toute violence, en créant

Si toi aussi mon Frère, tu restes fier
Porteur de ton histoire et riche d'espoir
Transmets ta flamme en éclaireur d'âme

L'Amour reste toujours vainqueur
Eclatant de lumière, fort de sa chaleur

La Violence reste signe d'ignorance
Révélatrice d'une réelle impuissance.
C'est pourquoi, même la gorge tranchée
Vous pouvez essayer d'étouffer cette voie

 L'humanité toujours renaitra et vaincra
A l'unisson, d'une seule et même voix.

ICI-BÀS

Quand au delà du rêve
Apparaît la trêve
Espérons et croyons

- Vivre -

Quand à l'orée du jour
Vient l'envie
Aimer et sourire

- Respirer -

Grandit et heureux
Partir puis revenir
un seul lieu

- Ici-bas–

EAN : 9791095381006 ISBN : 979-10-95381-00-6

DOLÉANCES

O terre de mon enfance,
En ce jour d'errance,
Mon cœur monotone, Frissonne.

Si loin d'aujourd'hui,
Si loin enfouis,
Ame meurtrie.

Les heures alanguies
Font naître folies.
Terrifiante envie.

O noyau de semence,
Halo de renaissance,
Mon esprit aphone,
S'empoisonne.

Ici gît : l'Esperance.

Poésie du Vivant

TRANSMISSION

Décrire, Écrire pour Écrier
Ce qu'il advient de chacun
S'enfuir, construire et revenir

Comme si loin sans fin
Tu devenais devin

S'éloigner pour observer
Rêver pour créer
Réaliser et enfin s'éveiller

EAN : 9791095381006 ISBN : 979-10-95381-00-6

UN ENFANT

Longtemps j'ai cru ne pas te vouloir,
Maintenant, en dépit de mon désespoir,
Je t'attends.

Toi que je porte en mon âme, une faveur :
Laisse- moi espérer être en mon cœur,
Bercé.

Mon ventre, estuaire de l'amour,
Sera ta maison de velours,
Dors.

Des vents et des marées,
De l'hypocrisie et la méchanceté,
Je te protègerai.

Tu pousseras ton premier cri,
Feras ta première dent,
Et me dira« maman ».

Je te trouverai le plus beau,
Fruit de la passion,
Nous t'aimerons.

Poésie du Vivant

A ton premier vélo,
Il y aura quatre roues,
Et sûr de toi,

Tu n'en voudras que deux.
Je te regarderai grandir,
Trop vite,

Et dans notre bergerie,
Je serai la brebis.

Etre loup,
Je ne saurais t'apprendre.

EAN : 9791095381006 ISBN : 979-10-95381-00-6

MERVEILLE D'AIMER

La Lune, claire obscurité
Verse en moi l'Humanité
Entière, abrupte, inégalée
Atteignant mes rêves étoilés

Songes sanglants, songes apeurés
Depuis toi, partis, oubliés!

Il ne me reste qu'à rêver
De toi, merveille et soleil

Doutes balayés, évanouis
Au-delà du songe éveillé
L'Amour présent ne s'enfuit
Que par égarement, jalousie...

Ton présent je veux être
Ton amante attendrie
Ton épouse alanguie

Ton avenir sans "peut-être".

UN PÈRE EN MOI QUI EST

Si seulement je pouvais...
Si seulement je savais...
Si je pouvais chanter
Le timbre de ta voix.

Si vraiment je pouvais
Si seulement tu étais
Si je savais comment
Je ne tarderais pas.

T'entendre et te serrer
Te sentir et t'étreindre
Te sentir m'observer
Te savoir m'aimer

Ô mon Père qui n'est plus
Sais-tu que je veux être
Pour servir ta mémoire
Et te garder vivant

Je suis un peu de toi
Mon cœur t'est dédié

EAN : 9791095381006 ISBN : 979-10-95381-00-6

T'entendre j'aimerais
Tu es ici en moi

Souffle-moi l'avenir
Celui qui n'a pu être
Celui que tu désires
Tes idéaux à naître

Je suis, tu es, nous sommes
Tes gênes m'appartiennent
En moi tu déraisonnes

DESSEIN

Je l'ai vu, forte de ses silences
Briser les murs de mon enfance

Une apparente innocence
Adoubée de patience,
M'achevait.

J'ai senti son enivrant parfum
Prendre le pas son mon dessein
Une danse tel un essaim

En caressant mon sein
Me perçait.

Scellé d'un élan de sa main
Déposant son paraphe,

L'Étincelle jailli,
Destin écrit

EAN : 9791095381006 ISBN : 979-10-95381-00-6

DEUIL

Le sang meurtri,

Les veines, tapent, tapent, ce que je suis
Les oiseaux chantent, sifflent et dansent
Pendant que les fourmis dévorent ma panse

Dans mon antre se promène
Toutes les rivières de mon enfance
Seules restent les amitiés anciennes
Et les heures lourdes d'absence

Sourire figé
Incrusté

EN-QUETE DE VERITES

Quel est celui qui lèvera le silence?
Quelle est celle qui brisera les non-dits?
Qui osera danser et chanter si fort
Que sa puissance fissurera les murs?

Qui osera affirmer vouloir croire
En une vie égale et libre?
Qui défendra la liberté d'oser
D'être, d'aimer et d'espérer?

Refusant de me taire, je suis bannie
Bannie de vos sphères en mal de Terre
Loin de la gangrène de vos vaines vanités
Foulant les terres fertiles en quête de vérité

EAN : 9791095381006 ISBN : 979-10-95381-00-6

PENSÉE

**AUJOURD'HUI N'EST
PAS DEMAIN
MAIS DEMAIN DÉPEND
D'AUJOURD'HUI**

EAN : 9791095381006 ISBN : 979-10-95381-00-6

Espoir   Désespoir   Non- espoir

Espoir   Désespoir   Non- espoir

VALSONS MAINTENANT

J'aspire à ta peau.
J'aspire à m'en recouvrir
J'accueille inlassablement
  Ta chaleur en mon corps

J'hume l'air de ta respiration.
Un souffle discret,

Juste Là.
Tellement là.

Ton absence, Insupportable torture,
Déchire en lambeau,
Mes matins inodores.

Insolente, indocile, mon corps te réclame.
Te voilà, tu es là.
Tout commence.

Début d'une folle danse
Ronde incessante,
Rythme haletant.

EAN : 9791095381006 ISBN : 979-10-95381-00-6

La danse peut commencer.

Sursaut, caresse, ivresse.
Étreinte enivrante
Éreintant basculement.

La valse de nos reins
Suit la vague de nos mains,

Implosion - Éclosion
Poison de l'existence

MUSE

J'aimerais être ta muse
Pour t'inspirer les mots.
Et devenir la proie
De tes écrits troublants.

Que glissent tes doigts
Sur ma peau délicate,
Pareils à ta plume
Sur le blanc papier.

Que tes jeux de langue
Parsemés de rimes
Suivent la cadence
De nos tendres rires.

J'aimerais que la prose
Sous le désir s'embrase
Et que l'inspiration explose
De ton corps en extase

EAN : 9791095381006 ISBN : 979-10-95381-00-6

J'aimerais être la muse
De tes écrits troublants
Et que tes doigts abusent
De mon corps brûlant.

DAMNED

Ô Dame, Ô Belle,
Quel est donc cet âme
Qui rayonne en elle?
- Ailes d'ange -

Dites quels sont ses désirs
Qui animent ses espoirs
Emplie son envie
De son vide, VAIN!

Courir et espérer
Transpirer de passion
Hurler à l'Unisson
S'aimer!

Et quand viendra la nuit,
D'un seul et dernier cri
S'évanouir de plaisir
Croire et puis mourir

EAN : 9791095381006 ISBN : 979-10-95381-00-6

INTENSITE

Frêle comme le vol d'un oiseau
Belle comme le vent sur ta peau
Rebelle comme le déserteur du drapeau
Ailes de cupidon dirigeant mon bateau

Mon être chavire à la vue de ton dos
Je ne peux imaginer ces secondes
Qui seraient des années
Sans que ta présence m'inonde
De ton parfum, de ta beauté

Chaque regard glissant sur toi
Est une palpitation triplée de joie
Chaque caresse sur ton corps, frôlé
Est une promesse d'Éternité.

PRE-JUGE

Toi qui sait, toi qui dort
Oublies-tu quel est ton sort?
Le droit s'en va, ta mort approche
Tu es un condamné à tord.

Eux qui croient savoir, ceux qui vocifèrent
Pensent que tu crieras à ton heure venue
Devant je ne sais quel juge refusant de t'absoudre
Mais Toi.. Toi tu ris, jouis et vis encore.

EAN : 9791095381006 ISBN : 979-10-95381-00-6

DÉCHU

Aimer à en crever
Espérer trouver

L'éternité
Tomber

Attendre en l'espérance
Trouver la désespérance

L'absence
Chuter

Lueur d'espoir
Passer une nuit

Horreur
Trompée

Estuaire de l'amour
Pour toujours

Abandon
Blessée

LE CRI

Entendrez-vous mon agonie

Avant, de ma douleur, le dernier cri !
J'hurle mon impuissance face à ce monde
Existant dans l'indifférence profonde !

Des oiseaux tombés du nid
Chantent de leur plus belle voix
Car s'éteignent leur plus belle joie,

Leurs yeux, finie la vie…

Comment peut-on rester de marbre
Face à la mort, tel scier un arbre
Lui enlevant ces racines

Et remplacer par ronces et épines…

Les oisillons, pourraient partir dignement
Mais au lieu d'une épine d'un rosier
Pour s'empaler à présent

C'est celle d'une ronce mal taillée
Que dans leur chant,

EAN : 9791095381006 ISBN : 979-10-95381-00-6

Si nous écoutons le vent, Retentisse mon
dernier cri Annonçant une bataille finie !

Poésie du Vivant

FEU

Feu le pilier de ma vie. Feu celle qui m'a tout
appris.
Ses étincelles s'en sont allées, éteintes à jamais.
Aucun adieu possible car Dieu n'est point.

Il devrait s'il était, prendre modèle
Sur celle qu'il nous a kidnappée.

Athée et inconsolable de néant, vide béant
Je refuse de croire, dorénavant davantage
Depuis son départ, à un paradis merveilleux.

Jamais un être supérieur plus juste,
Pseudo représentant d'une morale indéniable
Ne pourra contrôler mon esprit et profiter d'un
deuil.

Je ne peux démontrer sa non-existence,
Mais qui peut démontrer sa présence et
supériorité?

Quel que soit son nom, les seuls qui viennent
Sont "imagination", "spéculation" et "prétexte vile"
Un alibi facile pour assouvir pouvoir et
ignominies.

EAN : 9791095381006 ISBN : 979-10-95381-00-6

Supposés obéir à des lois divines datant d'un autre temps,
Où la terre était plate et l'orage une colère divine,
Seul l'ordre naturel de toute chose, reste mon maître.

Amenés à naitre pour disparaitre et servir de terreau
A la prochaine graine, qui en fera de même
Le cercle de la vie est l'unique loi universelle

Dans ce monde où tout se doit d'être contrôler,
La Liberté est Le luxe à atteindre, l'étoile à viser,
Seule vertus faite de vérités, permettant d'exister.

LE RADEAU DE LA MÉDUSE

« Le radeau de la méduse » a échoué
Dans un cœur enivré
D'eau douce et de vin
Dans un corps décharné

Pour les sauver, mais en vain

Dame Nature nous pénètre
Pour nous apporter du bien-être !
 Seuls : la caresse du vent,
Sur la montagne rocheuse, le soleil
couchant,

L'éternité de l'océan, nous font être !

Le désir et l'amour terrestre,
Sont si loin de mon être !
Seul : l'esprit et l'âme
Déclenchent en moi le désir

Telle une pluie de larmes

Remplissant un océan de plaisir !

EAN : 9791095381006 ISBN : 979-10-95381-00-6

DOUBLE JE

Mienne, sache que je suis tienne,

Que mon sommeil repose en ton sommeil !
Douleur, devoirs, lâche prise au dur !
Comme l'archer sur le violon, contre moi tu es
pure !

Nulle autre musique ne dormira avec mes
rêves.
Nous glisserons sur l'eau du temps, belle,
Je ne veux que toi, lune et soleil, comme
immortelle
Dans mon cœur, à l'unisson, sans trêve !

Ma pluie, je suis l'escargot
A qui tu enlèves le fardeau
D'un soleil trop violent
Chaque jour fait de toi mon présent !

Mon avenir, mon papillon,
Nous sommes la chenille et le cocon
Sans que tu sois, je ne serais pas
Tu es ma source, Niagara!

Je te dis « chut… »,
Ne m'oublie pas

Sans toi, n'existe pas !

EAN : 9791095381006 ISBN : 979-10-95381-00-6

ET DEMAIN?

"Moi je" dit-on

Car "moi-je" pense-t-on
Mais demain, que dira-t-on?

Abus et ultra consommation
D'abord - tout de suite - maintenant
Parce que "moi je" mais demain...

De l'eau jusqu'à plus soif
De la bouffe jusqu'aux orgies
Jeter quand on explose,
Surtout ne rien donner...

Il avait qu'à - y a qu'à faut qu'on
Se dit-on.
S'il se bougeait, il travaillerait
Juge-t-on.

Mais demain, mais demain
Si c'est toi qui est là
Dans le froid, chien traqué
Si demain tu as faim, que dira-t-on?

"Moi je" dit-on

Poésie du Vivant

Car "moi-je" pense-t-on
Mais demain, que fera-t-on?

Liberté, noyau de notre vie
Égalité, utopie effrénée
Fraternité, essence de survie.

"Moi je" dit-on

Car "moi-je" pense-t-on
Mais demain, que sera-t-on?

Seul avec ton nombril,
Meurtri, gelé et affamé

Tu resteras sur ce sol, noyé.
Point de demain.

EAN : 9791095381006 ISBN : 979-10-95381-00-6

DEUX MOIS ET UN JOUR...

Deux mois et un jour que ta voix ne résonne plus
en nos jours.

Deux mois et un jour que nos cœurs ont froids de
ton silence.

Deux mois et un jour que ton amour a fait place à
ce gouffre béant.

Deux mois et un jour que j'ai le souffle court sans
arriver à concevoir que...

Plus jamais ton rire éclatant ne rythmera nos vies,
Plus jamais tes bras ne m'enlaceront pour
réchauffer mes doutes,

Plus jamais ton regard n'encouragera mes pas
pour aller de l'avant,
Plus jamais tu ne seras, plus jamais je ne pourrais
devenir, ce que je pensais pouvoir être,

Car amputée de ta présence,

Tel un navire sans amarre,
Tel un arbre sans racine,
Je demeure une éternelle errante.

HUMANITÉ

Il est des jours, des nuits, des temps
Où je me sens lasse, vieille, usée
Fatiguée de la méchanceté des gens
De l'ignorance, celle des autres, de mon passé.

Je suis venue, j'ai vu, j'ai fait ce que j'ai pu,
On m'a battue, pendue, mordue, conspuée;
Je pense n'avoir pas trop mal services rendu,

Enseigné, guéri, pansé, aimé.

Que faire de plus, que dire, que montrer
Que donner de plus, parler, agir
Dois-je demeurer, subir, pâtir

Jamais la main fermée ne sera, ni aujourd'hui ni demain
Mon attention ira vers les autres, amis et ennemis
Le regard sur moi plus ne se tournera, mais vers demain
 S'éveillera et se dirigera sans répit.

Il est des jours, des nuits, des temps
Où je me sens lasse, vieille, usée

EAN : 9791095381006 ISBN : 979-10-95381-00-6

Fatiguée de la méchanceté des gens
De l'ignorance, celle des autres, de mon passé.
Et pourtant sans cesse je reviendrai

Pour les autres, pour tous, pour une, je mourrai
Car au fond de moi, au cour de mes souhaits
Il n'est d'autre but plus grand que je chérirai.

DERIVES

Ô perfide que voilà! Déroutés et épars.
La Lune vous épie de son regard hagard!
Les squares ensevelis de rêveries bizarres.
Telle est la vile bile, siégeant à l'occident !

Nul n'assumera vos élans d'hystérie.

Ici les niais, ici les goguenards. Au-delà
La raison du lever du soleil qui envahit
Et qu'un jour la lueur des étoiles abusera !

Ici les pauvres dans leurs murs de brouillards
L'habile nuit tracée assombrit les vantards.
Voilà le feu hardant des enfants goguenards :

Affamés, levez-vous ! Sortez de vos hangars!
Amas de détritus délaissés dans la rue
L'appel de la vie sonne et vous alarme!

Bougez les lignes! Créez votre réalité
Ôtez la maigreur de vos corps désabusés.

Venez ! Éclairons de lumière l'inespérée
Laissons sur le côté, l'obscure bien séance
Dessinons de nos mains un avenir commun
Gommons et modifions ce funeste destin.

EAN : 9791095381006 ISBN : 979-10-95381-00-6

SI...

Si la vie en vaut la peine
Si ce monde est bien le mien
Si l'on peut briser mes chaînes

Je veux bien vivre demain,

Si l'on me tend une main
Si elle retient la mienne

Je veux bien vivre demain,

Si elle m'aime encore plus loin
Je veux bien vivre demain,

Demain, je veux vivre bien !

CONCORDANCE

Ouvrir les yeux dans l'obscurité, entrevoir la
lumière
Oublier le superflu, ce qui est vain et secondaire,
Subir le manque, savourer la beauté d'être nu.

Traverser la misère, entrevoir une vérité dévoilée.
Pour apprécier la lumière, doit-on en être privé?
Pour aimer la nature, faut-il se frotter au
blizzard?

A trop avoir, on se perd
A trop perdre, on se meurt
A trop vouloir, on se noie
A trop aimer, on se ment

Ces mascarades hors de prix, suggèrent nos
envies,
Dérobent le désir, aveuglent nos existences
Anéantissent nos chances, accroissent leur empire.

A trop manquer, je deviens riche
A tant aimer, je deviens belle
A tout donner, je reste libre

EAN : 9791095381006 ISBN : 979-10-95381-00-6

Poésie du Vivant

EAN : 9791095381006 ISBN : 979-10-95381-00-6

Collection : Poésie du Vivant

Poésie du Vivant

DEPOT LEGAL : DECEMBRE 2016

DELTA EDITIONS – FRANCE

EAN : 9791095381006 ISBN : 979-10-95381-00-6

Delta France Editions
Imprimé par Books on Demand GmbH, Norderstedt, Allemagne
ISBN : 9791095381006
Dépôt légal : Juin 2017